This book belongs to:

scan this code:

Color

Redraw the picture on the right

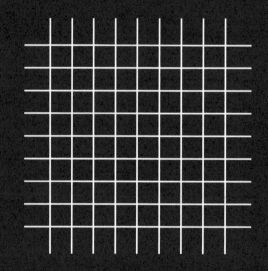

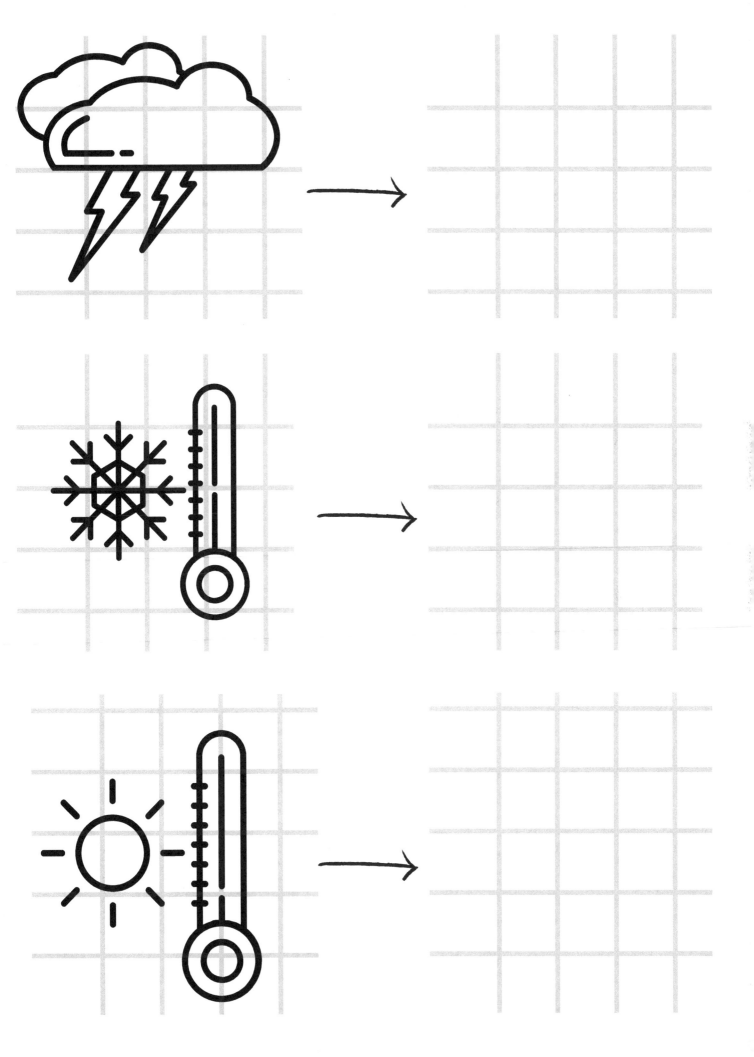

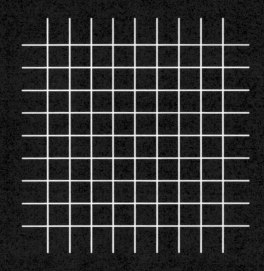

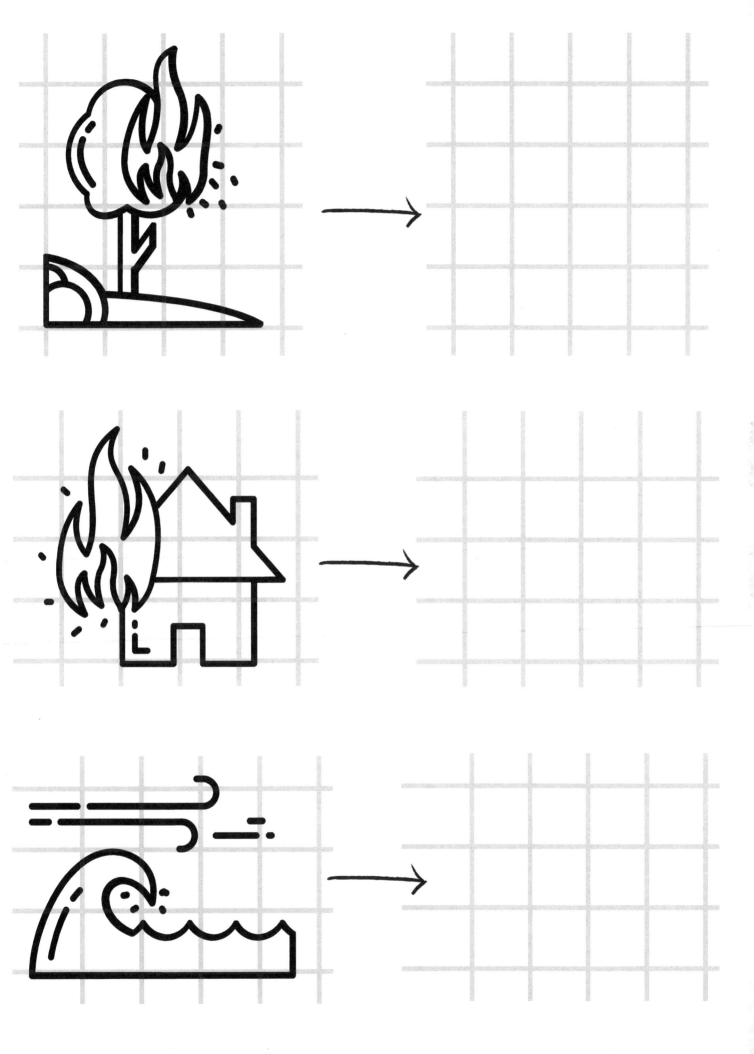

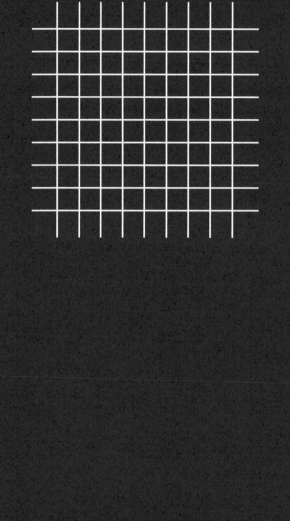

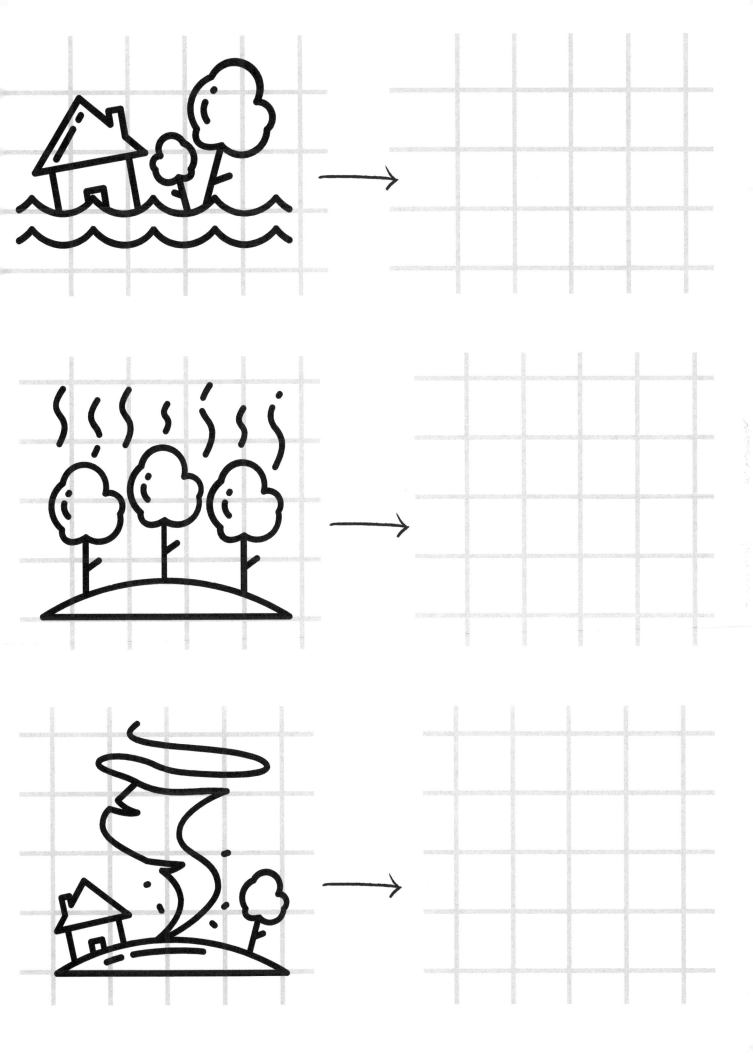

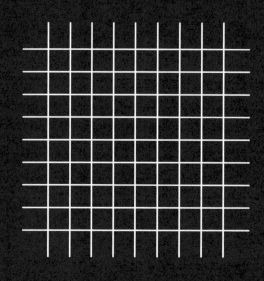

Fill the square and color everything

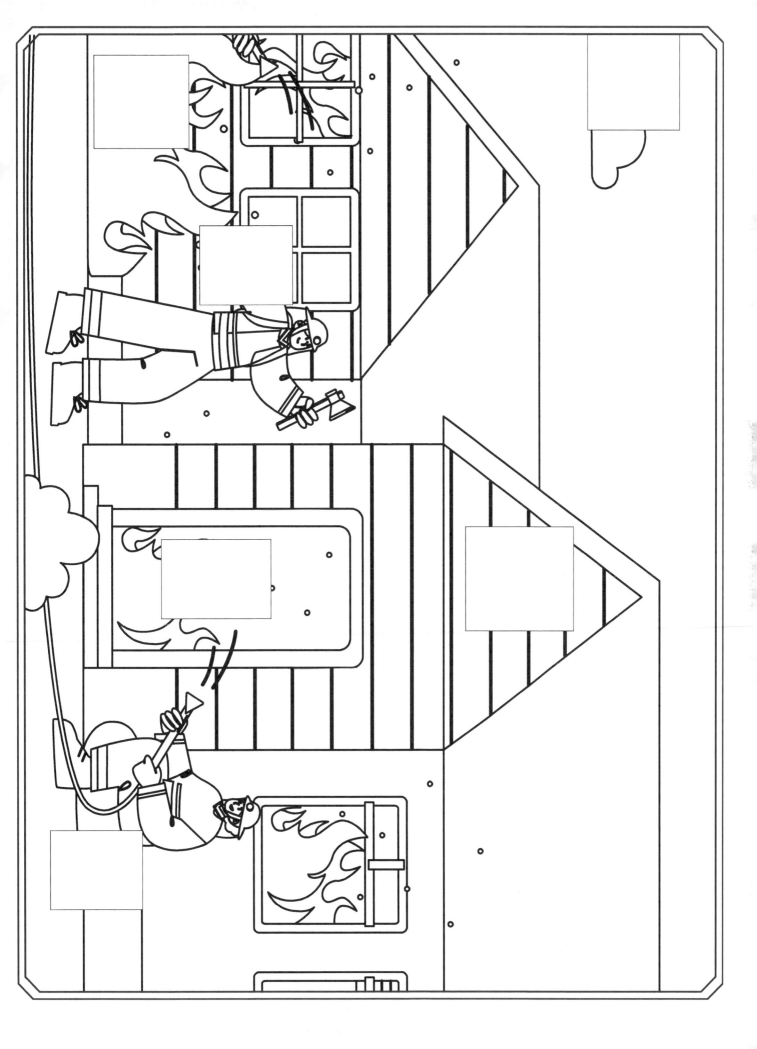

Finish the drawing
- USE YOUR IMAGINATION

Find words

```
          S F
          J V E T
        D S E B R R
        N C I A F N A S
      V S F W R Q O Q L A
      R F E X T T M I A N F W
    I S A R S H H N T A R N R V
  W B A V I H U Q V P I I P I A B
  B K S Z A F O N U S U P L X C X L S
G P N H C L D F D A E R Y Y A S L T O S
S Q Z Y X A L L E K D E L E O T R V O S
  D Z E L N I O R E I C B J L D K B D
  R X S C W O S S L I S K M J R O
    A U H W D T Q S N H S F T W
    Z E E S O O D A S H R S
      Z A H R W N C H C F
    I I M Z A L O M
      L S H L O J
        B X W V
          I V
```

WILDFIRES   THUNDERSTORMS
LANDSLIDES   BLIZZARDS
FLOODS   AVALANCHE
VOLCANIC ERUPTION   SOLAR FLARES
EARTHQUAKES

```
              G Y
          X X R S
        A M H N R U
        N N P J A H F W
        V M L M U S P N T O
      C H E A T W A V E S F Q
    A I R B U R S T W J H F R O
    Q E O G L W X R S T H G U O R D
  T D P X T D B T U Y D U O L C J Z Q
L L D W V S M R O T S C I N O L C Y C T
R C M M F Z H F R T N D Z T G E D H J J
  W P E X L K Y N O E X M Q B P O M S
    W A D M J H A S I N K H O L E S
      X I H T O D C Q R V A T B I
      K M O Y O I U B S L N N
        P A Z E N Y P P T J
        C N S A Z P G B
          Z U P H T O
          Z S W U
            E T
```

TSUNAMI
HEATWAVES
DROUGHTS
TORNADOES
CYCLONIC STORMS

SINKHOLES
PANIC
AIRBURST
CLOUDY

```
            F Q
          L O C O
        N Y A A X J
      A E A P M Q R B
    E U A S H E L T E R
    Y U R Q C Q N D V E T X
  M Z C A N F T T I M O W S F
  S A C S X T P H N N Y G L L A N
D F B Z E A W I N D S C A L E O S A
B T U N K R N Y O Y H D J F T S P W I V
O B L I Q V U H J T I R G G R U W O O D
M G U L A A Q Q A G Q E A E K K O J
  S S A K O R G A R S O N I S T H
    H G F L P E R M A F R O S T
      W I N D S T O R M G K H
      A R Q T E X A J R T
      Y J I D V P U F
      K Q G X K A
        U N K X
          T G
```

WINDSTORM	WIND SCALE
ARSONIST	RESCUE
ARSON	PERMAFROST
DISASTER	FAULT
SHELTER	

```
              F T
            V O H L
          C O J O T R
          Z R M E C C S V
        I P W B H J L S O C
        J U I A K M T A R V L F
      D E M L P W X O Q L K R T L
      U N D E R G R O U N D C X F X K
    O N C A T A C L Y S M C C E J K I T
  B I V H Y O W P W P C J U W C V P E C X
  I Z I F X F L S W C A X W G T K N Z I V
    L Q D E S T R U C T I O N H S X Z S
      P D P D F C T F Y L T C R C Y A
      A E R A J E E W E G A M A D
        D S U A N F C X B V I U
        H T O S C G P J Q P
        M R I J Q C J W
        Q O S N N Q
          N Y Y W
            T I
```

LOST
DESTRUCTION
TENSION
UPROOT
DESTROY

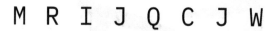

DAMAGE
MONEY
CATACLYSM
UNDERGROUND

```
            D M
          B E Q K
        R E N O Z O
      S S A N I F L O
    M U I U U P A I C Q
  L R B R F I G V M A U A
C Z O M P O S E U R S Y P Z
S F S T I W R F L T O U B R F L
A U I E S N J T J S R T A A G A D U
L H V I Z D O J S E I P S L J Y T F F V
V X O Q R N L S C X L C T T I N A C W Y
  U I Y I A U U A O K R N Y V V L S T
    G V K S M B L H Q E E Q T H I I
      I E O U M E B H C L Q W O L
        Z Z C I N F T X O G F A
          L P N D R A V I O T
            G G R V E V V A
              J M R D N F
                R X S J
                  R O
```

NIMBUS
SANDSTORM
CASUALTY
FATALITY
DEATH

VIOLENT STORM
FATAL
BEAUFORT SCALE
CUMULONIMBUS

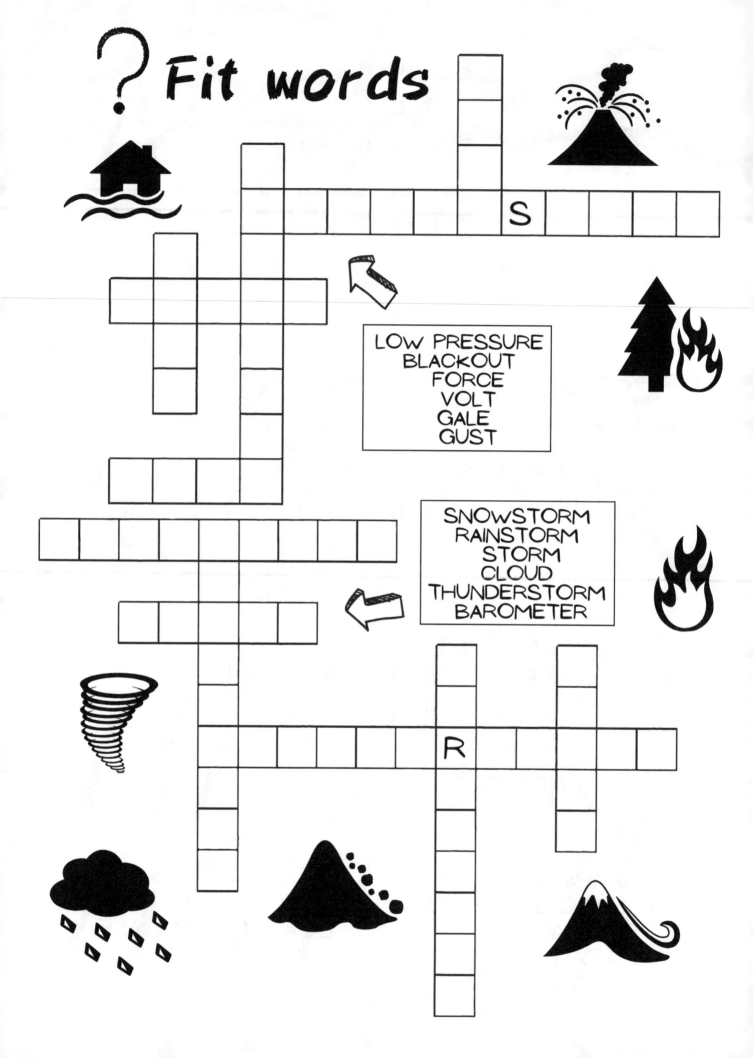

? Fit words

Word lists:

LOW PRESSURE
BLACKOUT
FORCE
VOLT
GALE
GUST

SNOWSTORM
RAINSTORM
STORM
CLOUD
THUNDERSTORM
BAROMETER

S

R

HURRICANE
SEISMIC
EROSION
WHIRLPOOL
RICHTER SCALE
WHIRLWIND

FIRE
HAILSTORM
LAVA
LIGHTNING
HAIL

TSUNAMI
VOLCANO
TORNADO
AVALANCHE
EARTHQUAKE

L

S

ARSONIST
WIND SCALE
ARSON

DROUGHTS
THUNDERSTORMS
TORNADOES
TROPICAL CYCLONE
BLIZZARDS
HAILSTORMS
ICE STORMS
COLD WAVES

E

O

Find Way

Decipher facts

A	B	C	D	E	F	G	H	I	J	K	L	M
◀	⚡	⧗	○	◉	★	▽	△	⚆	⊡	●	✳	☺

N	O	P	Q	R	S	T	U	V	W	X	Y	Z
⊗	◖	■	💧	⦀	⧈	🌀	↑	✗	◈	♡	▰	〰

TORNADOES

OCCUR   MOST

OFTEN   BETWEEN

MARCH   AND

JULY'   DURING

THE   HOURS

4   9 P.M.

FROM   TO

A	B	C	D	E	F	G	H	I	J	K	L	M
◈	◉	⊡	♡	✳	▽	◗	⧗	◎	⫽	⩘	⊗	✕

N	O	P	Q	R	S	T	U	V	W	X	Y	Z
⚡	■	○	▣	▰	💧	★	△	≈	↑	☺	◀	●

A LIGHTNING

FLASH CAN

HEAT THE AIR

AROUND IT

TO FIVE TIMES

HOTTER THAN

(THE SURFACE OF THE SUN)

THE SUN

A	B	C	D	E	F	G	H	I	J	K	L	M
▰	✕	◉	⚡	△	✳	☺	💧	⚑	≈	◉	⧗	◈

N	O	P	Q	R	S	T	U	V	W	X	Y	Z
◗	◀	●	⋰	▣	▽	⊐	♡	↑	■	○	⊗	★

5

80

A	B	C	D	E	F	G	H	I	J	K	L	M

N	O	P	Q	R	S	T	U	V	W	X	Y	Z

A	B	C	D	E	F	G	H	I	J	K	L	M
⊡	◈	●	⫽	▣	✕	♡	◖	⫻	◀	■	@	☺

N	O	P	Q	R	S	T	U	V	W	X	Y	Z
✳	★	↑	◉	⧗	▰	⚡	⊗	▽	◗	〰	△	○

THERE ARE

LOTS OF VOLCANOES

IN FACT THERE

ARE AROUND

1,500 WHICH

ARE ACTIVE

✂ Cut out squares

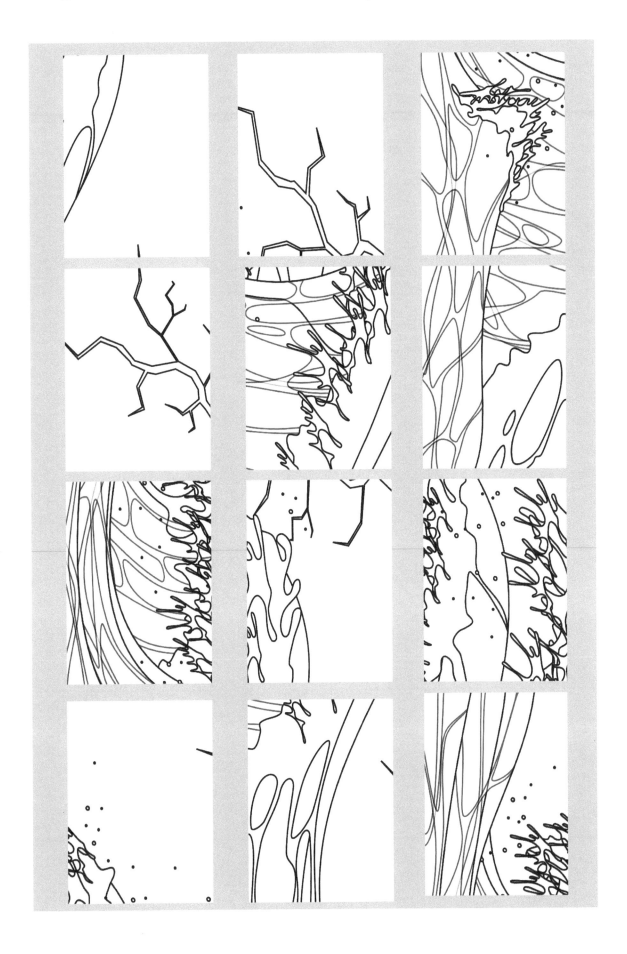

1. Solve the puzzle,
2. Paste squares,
3. Color the picture

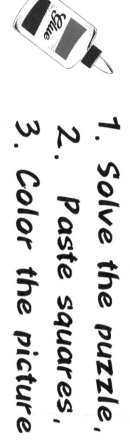

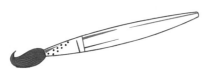

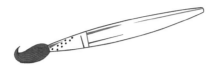

Did you like the book?
Please, leave feedback.

It helps the book stand out
from the crowd.

Made in United States
Troutdale, OR
09/20/2023

13063766R00051